# PASCAL FARGEAU

## DRAME EN UN ACTE

Représenté pour la première fois, à Paris, au Théâtre de Cluny,
le 21 janvier 1881.

— DIRECTION TALIEN —

Imprimerie générale de Châtillon-sur-Seine. — I. Robert.

# PASCAL
# FARGEAU

DRAME EN UN ACTE

PAR

## M. JULES DE MARTHOLD

PARIS

TRESSE, ÉDITEUR

8, 9, 10, 11, GALERIE DU THÉATRE-FRANÇAIS

**PALAIS-ROYAL**

1881

Droits de reproduction, de traduction et de représentation réservés.

# PERSONNAGES

---

| | |
|---|---|
| PASCAL FARGEAU. . . . . . . . | MM. Nerssant. |
| PAVARD . . . . . . . . . . . . | Boscher. |
| NATHALIE. . . . . . . . . . . . | Mlle Amélie Villetard. |
| LILI. . . . . . . . . . . . . . . | La petite Ducastel. |

# PASCAL FARGEAU

Chambre d'ouvrier, d'aspect très honnête. Mobilier en noyer, propre et convenable. — Au fond, une alcôve avec un grand rideau entr'ouvert laissant voir le lit. Sur la droite de cette alcôve, une fenêtre. — A gauche, deuxième plan, une porte, et premier plan, une commode. Une table et une chaise auprès. — A droite, deuxième plan, porte ouvrant sur l'escalier, et premier plan, une cheminée avec petite glace. — Chaise à droite.

## SCÈNE PREMIÈRE

### FARGEAU, NATHALIE.

NATHALIE, à la commode, préparant un panier d'école.

C'est à neuf heures, le chemin de fer?

FARGEAU, près de la cheminée, préparant ses outils.

Neuf heures dix... Et il en est huit; je n'ai que juste le temps. D'ici la gare du Nord, il y a trois bons quarts d'heure.

NATHALIE.

Et te voilà parti, pour?...

FARGEAU.

Huit jours, comme la dernière fois. J'ai encore une attique, un dessus de porte à sculpter. C'est pressé, même, et on m'attend. Sans toutes les démarches qu'il a fallu faire pour notre mariage, j'aurais terminé la semaine dernière, mais dame...

NATHALIE.

Ah! oui!... Dieu merci, ça en a perdu, un temps! C'est à Saint-Denis que tu vas?

FARGEAU.

Oui, au château, tu sais bien. — La petite n'est pas prête pour l'école?

NATHALIE.

Si, je lui prépare son panier. (Trouvant des outils sur la commode.) Eh bien! qu'est-ce qui te prend? Tu en oublies la moitié, de tes outils...

FARGEAU, les prenant.

Tiens, c'est vrai.

NATHALIE.

Qu'est-ce que tu comptes donc faire, aujourd'hui?

FARGEAU.

Qui sait! Peut-être le lundi... comme Pavard!

NATHALIE, avec une nuance de dédain.

Toi, le lundi?... Ça ne t'est jamais arrivé.

FARGEAU.

Et ça ne m'arrivera jamais, parce que...


# SCÈNE II


## FARGEAU, NATHALIE, La Petite LILI.


FARGEAU, montrant Lili qui entre par la porte de droite après avoir d'abord passé la tête.

Voilà pourquoi!

LILI.

Bonjour, petit père.

FARGEAU, la tenant dans ses bras.

Bonjour, ma mignonne.

Il fait mine de la reposer.

LILI.

Non, encore.

FARGEAU.

Oh! mais... toujours! (La reposant et la tenant devant lui par les mains.) Et... on s'est habillée toute seule, mademoiselle Lili?...

LILI.

Oui, papa. J'avais appelé maman, deux fois; elle ne venait pas; j'ai voulu t'embrasser, moi, avant que tu t'en ailles.

NATHALIE, sèche.

Ah çà! tu perds la tête, ce matin. Tu oublies tout. Tu n'emportes pas ta vareuse?

FARGEAU.

Si, donne-la moi; elle est par là, dans la chambre de la petite, je crois.

NATHALIE, qui est remontée près de la commode, à part, sortant.

Faut toujours qu'on le serve!


# SCÈNE III


FARGEAU, La Petite LILI.


LILI.

Tu t'en vas loin, petit papa?

FARGEAU, assis sur la chaise à droite.

Non, mon chéri.

LILI.

Alors... tu reviendras ce soir?

FARGEAU.

Ce soir, non; non, dans quelques jours.

LILI.

Dans... beaucoup de jours? (Fargeau la regarde sans répondre.)
Pourquoi que tu ne veux pas me dire quand?

FARGEAU, l'embrasse, et à part.

Comment peut-on ne pas adorer ça!

LILI.

J'ai du chagrin, moi, quand tu es parti. Quand je ne
suis plus qu'avec... maman... j'ai peur...

FARGEAU.

Peur... De quoi?

LILI.

Je ne sais pas... Maman...

Elle s'arrête court.

FARGEAU.

Maman?

LILI.

Eh bien! maman, je l'aime... parce que c'est maman,
mais...

Elle s'arrête de nouveau.

FARGEAU.

Et moi?

LILI, avec élan, lui sautant au cou.

Oh! toi! Toi, je t'aime parce que c'est toi!

FARGEAU.

Je serai revenu bientôt, va, sois tranquille. Il ne faut
pas avoir peur, mon bijou; on... ne te fait... pas de mal?

LILI.

Oh! non, mais, quand tu es parti, maman ferme la porte de ma chambre aussitôt que je suis dans mon lit; moi, je n'ose pas dormir. — Et puis... je l'entends s'en aller, ou bien alors, elle cause, toute seule... tout bas, toute la nuit... Et ça me fait encore bien plus peur.

FARGEAU, se levant, plein de douleur.

Oh! Allons, c'est dit! Ça ne peut plus durer, toutes ces hontes-là!

LILI.

Qu'est-ce que tu as, petit papa? — Surtout, il ne faut pas répéter ce que je t'ai dit à maman, elle me gronderait.


# SCÈNE IV

## FARGEAU, La Petite LILI, NATHALIE.


NATHALIE, portant la vareuse.

Tu vas manquer le train, toi, si tu ne te dépêches pas.

FARGEAU.

Tu es bien pressée de me voir parti! Allons, je m'en vais... Viens avec moi, petite.

LILI.

Tu me conduis à l'école, petit père!... Quel bonheur!

FARGEAU.

Oui, dépêche.

Elle court prendre son panier sur la table près de laquelle est Nathalie.

NATHALIE, hésitante.

Mais... (A Lili.) Tiens, petite sotte, tu t'entêtes à t'habiller toute seule, voilà comme tu t'arranges... (Elle tire furtivement le bas de sa robe qu'elle déchire.) Ta robe est déchirée.

FARGEAU, qui a observé, à part.

Hein?...

NATHALIE, prenant du fil et s'emparant de Lili, dont elle commence à
recoudre la robe.

Va-t'en sans elle! Faut que je lui recouse ça.

FARGEAU, à part, prenant ses outils.

Encore un mensonge! Enfin, cette fois!... (A Lili, avec
amour.) Adieu.

LILI, retenue, lui envoyant un long et tendre baiser.

Adieu, petit papa.

Fargeau lui renvoie son baiser et sort brusquement.


# SCÈNE V

### NATHALIE, La Petite LILI.


NATHALIE, aussitôt la porte refermée, cassant le fil avant d'avoir
terminé la reprise.

Voilà.

LILI, reprenant son panier qu'elle avait posé par terre.

Tu as fini, maman; je cours après papa.

NATHALIE.

Non, attends; j'ai une commission à te faire faire.

LILI.

Où ça, maman? Bien loin, dis?

NATHALIE, écrivant une lettre.

Laisse-moi.

LILI, tout en regardant dans son panier qu'elle a posé sur la chaise
à droite.

Dis donc, maman, il y a une petite fille, à la classe, —
une grande qui fait des analyses — qui m'a demandé

pourquoi tu n'étais pas en blanc, l'autre jour, quand tu t'es mariée avec papa?

NATHALIE.

Tu m'ennuies.

LILI, comme à elle-même.

La sœur l'a grondée. Moi, je savais pas; je lui ai dit que c'était parce que ça coûte trop cher, une robe blanche. (Plus directement à sa mère.) C'est cher, dis, maman, une robe blanche?

NATHALIE.

Très cher.

LILI, joyeusement, comme au public.

Petit papa m'en a promis une tout de même pour le jour de ma première communion.

NATHALIE, se levant.

Tu vas porter cette lettre-là chez M. Pavard... Tu sais, ton ami Pavard.

LILI, avec une crainte instinctive.

Où nous avons été... l'autre jour?...

NATHALIE.

Oui, à l'hôtel, au bout de la rue. — Tiens... Et ne te fais pas écraser.

LILI.

Oh! non, maman, je fais toujours bien attention en traversant. Adieu, maman.

NATHALIE, sèche.

Oui, oui, à ce soir.

Elle remonte tandis que Lili sort à droite, son panier passé au bras gauche, la lettre à la main droite, en faisant une petite moue.

## SCÈNE VI

### NATHALIE.

IĮs sont partis!... tous les deux!... Me voilà tranquille.
Ah! Faut ranger, maintenant! (Elle s'assied.) Comme ça
m'avance d'être mariée! Ah! Dieu sait que ce n'est pas
moi... Je suis encore un peu moins libre, voilà tout. —
Je ne sais pas ce qu'il lui a pris, tout d'un coup, à Fargeau!... Depuis sept ans que nous étions ensemble, il ne
m'avait jamais parlé de ça... (Elle se lève et, regardant autour
d'elle.) Sept ans! Mes plus belles années, passées... là-de-
dans! (Elle se met un nœud de velours rouge dans les cheveux.)
Comme je suis changée!... (Devant la glace.) Dire qu'on
m'appelait la belle Nathalie... Ça n'a pas duré longtemps... il m'est venu un enfant... elle est loin, la belle
Nathalie! Fargeau, lui, ça lui est égal. Il travaille, toujours! (Se rasseyant à la table.) Et pourvu qu'il joue avec sa
fille, il est content! — Le jour où il m'a parlé de mariage, j'ai eu envie de le quitter... C'est Pavard qui n'a
pas voulu; je n'aurais pas dû l'écouter, encore, celui-là!
M'en voilà pour toute ma vie, maintenant! — Ah! j'ai pas
eu de chance! (Elle se lève, va regarder à la fenêtre et finit le couplet à
l'avant-scène.) Est-ce qu'il ne va pas arriver; j'ai envie
d'aller me promener, de... je ne sais pas, moi, je m'en-
nuie. — Nous irons manger dehors. — S'il n'y avait pas
la petite... je ne rentrerais pas de la semaine... Et je
m'en donnerais!... Pavard, au moins, il est amusant.
Enfin!...

## SCÈNE VII

### NATHALIE, FARGEAU.

NATHALIE, surprise.

C'est toi?

**FARGEAU**, très calme, très résolu, posant ses outils près de la cheminée.

C'est moi.

NATHALIE, allant vers la porte de droite.

Tu as oublié quelque chose?

FARGEAU.

Je ne pars pas.

NATHALIE, hésitante.

Alors... je vais te chercher à déjeuner.

Elle va pour sortir.

FARGEAU, l'arrêtant du regard.

A... déjeuner?

NATHALIE, troublée.

Oui... je...

FARGEAU.

Reste là, j'ai pas faim!

Il jette sa vareuse sur la commode.

NATHALIE.

Mais...

FARGEAU.

Reste là, je te dis!... Comme te voilà belle... Des ru-
bans!... On voit bien que tu attends quelqu'un... Cré
tonnerre! tu lui fais faire de belles commissions, à ta
fille!... Comme je t'avais vue lui déchirer sa robe, ex-
près, pour que je ne puisse pas l'emmener, j'ai voulu
savoir pourquoi, et je l'ai attendue, en bas, dans la rue.
— Tu ne lui as seulement pas recousu, ta déchirure! —
Elle avait une lettre dans sa petite main... (Après une sorte de
douloureux éblouissement.) Je la lui ai rendue, et je l'ai laissée
aller, cette innocente!... Ah! il n'y en avait pas long!...
— « Il est à Saint-Denis pour huit jours. — Nathalie. »
— Mais ça lui a suffi pour comprendre; il en a l'habi-
tude, et il va venir... — Ah! t'as de l'audace! —Asseois-
toi, nous allons causer... J'en ai long à te dire.

NATHALIE.

Mais je t'assure...

FARGEAU.

Allons, asseois-toi, je te dis! (Elle s'assied à droite, Pascal, du bout des doigts, avec dégoût, faisant sauter par terre le nœud de ruban qu'elle s'est mis dans les cheveux.) — Et... ôte-moi ça : c'est pas pour moi que tu l'avais mis? J'aime pas le rouge! — Ah çà! je ne te rends donc pas heureuse? Qu'est-ce qui te manque?... Quand je t'ai rencontrée, il y a sept ans, tu n'avais pas mangé depuis deux jours. Je t'ai prise avec moi. Je savais bien qu'il y avait à dire sur ton compte... et beaucoup; tu n'avais pas marché dans le bon chemin... Mais je t'ai aimée tout de suite... Tu étais si jeune, tu n'avais pas de parents, tu ne pouvais pas savoir! Et j'ai travaillé, tant que j'ai pu, à te rendre honnête. Je voyais bien que, toi, tu ne m'aimais pas beaucoup... Enfin, la petite est venue. Ah! ce jour-là, j'ai été bien heureux! Je me suis dit que l'enfant allait peut-être me ramener la mère... La mère!... Un soir, — pendant la grande maladie de la petite, — je rentre; le pauvre bébé pleurait dans son berceau... Toi, t'étais allée au spectacle! C'est la seule fois de ma vie que j'aie pleuré... ça t'a fait rire! (Violent.) Ah! tiens!... (Calmé.) A quoi que tu penses, là? tu ne m'écoutes seulement pas!

NATHALIE, elle se lève et passe à gauche où elle reste debout près de la table pour s'asseoir ensuite.

Qu'est-ce que tu as besoin de reparler de tout ça, aussi! Si tu as quelque chose à dire, dis-le. J'ai eu tort d'écrire à Pavard, c'est vrai, mais enfin...

FARGEAU.

J'ai pas fini. — Un autre jour,—il n'y a pas longtemps de ça, — je reviens. Tu t'étais endormie, là, sur une chaise; je t'embrasse, bien doucement: « Tiens, c'est toi! » que tu me dis toute surprise... D'abord, je n'avais pas fait attention, moi, mais ça m'est revenu et j'y ai pensé toute la nuit. Ça t'avait étonnée que ce soit moi?... Tu croyais donc que c'en était un autre!

NATHALIE.

Ah! bien, je dormais... Est-ce qu'on sait ce qu'on dit...

FARGEAU.

Possible... mais... j'ai cherché. — Et j'ai trouvé, et il y a longtemps que ça dure.

NATHALIE.

Des histoires qu'on t'aura faites, parce que les voisins ne m'aiment pas.

FARGEAU, fièrement.

J'ai rien demandé à personne. (Avec éclat.) Ainsi pendant que je travaillais, dans le froid et sous la pluie, toujours, voilà! — Voilà ce que tu faisais!... J'avais pas plutôt tourné les talons, pendant que l'enfant dormait, là! — Tu n'es qu'une malheureuse! T'as pas de cœur, pas de respect, tu n'as... rien! — Mon enfant! ma fille! mais tu en ferais une coquine, comme toi!

NATHALIE.

J'en ferais?... (Le regardant en face.) Tu vas peut-être me chasser!

FARGEAU.

Non, je ne suis qu'un ouvrier, qu'un travailleur, que personne ne connaît, mais je tiens, — tu ne peux pas comprendre ça, toi,— je tiens à mon nom.

NATHALIE,

Tu avais qu'à ne pas me le donner, ton nom. C'est pas moi qui t'ai forcé, je crois? Fallait me laisser libre.

FARGEAU.

Libre?... Pour que tu t'en ailles, n'est-ce pas, avec d'autres, avec le premier venu, en me laissant là, moi qui ai mis toute ma vie dans la tienne?

NATHALIE.

Est-ce que c'est de ma faute?

FARGEAU, avec dégoût.

Ah!...

NATHALIE, se levant sur place.

Finissons-en, qu'est-ce que tu demandes ?

FARGEAU.

Je veux... je veux te tuer !

NATHALIE, reculant vers la gauche.

Me tuer !...

FARGEAU.

Il le faut. Tu ne peux plus vivre, c'est impossible. La femme, c'est la maison ; tu as déserté. Tu as abandonné le ménage, ton poste, à toi... La mort.

NATHALIE, passant à droite.

Tu deviens fou ! Tu ne peux pas m'assassiner comme ça !

FARGEAU.

Ta fille, plus tard, ne peut pas avoir à rougir de toi. Tu resterais toujours ce que tu es ; maintenant, c'est jugé. Tu as l'amour du mal.

NATHALIE.

Pourquoi m'as-tu épousée, alors ?...

FARGEAU.

Pour avoir le droit de te tuer !

NATHALIE.

C'est pour m'effrayer, ce que tu dis là, tu ne le penses pas. Réfléchis donc.

FARGEAU.

J'ai eu le temps de réfléchir. — Tu m'en as fait passer de rudes, des journées... et puis des mois, à perdre l'esprit, à me brûler le sang, à me ronger, à penser toujours à ça quand le matin revenait. Et quand je travaillais, surtout, dehors, loin d'ici !... — Une fois — quand je finissais à Notre-Dame — j'ai eu envie de me laisser tomber du haut des échafaudages... Ça m'avait pris... comme un vertige!... Mais j'ai vu la petite... Elle m'a passé devant les yeux!... — Ah çà! tu croyais donc que je ne les voyais pas, toutes tes manœuvres! (La saisissant par les poignets et la faisant passer à gauche.) Effrontée! Moi qui t'aimais tant! Ah! je t'aime toujours, je le sais bien! Fallait que ça arrive, probablement!

NATHALIE.

Se venger!... D'une femme!

FARGEAU.

Je ne me venge pas, je punis, voilà tout!

NATHALIE.

Me punir... de quoi? Tu ne m'as pas trouvée avec lui.

FARGEAU.

Je l'attends!

NATHALIE, ricanant.

Ah! Et tu crois qu'il te laissera faire!

FARGEAU.

Lui... C'est un lâche!

NATHALIE.

Mais je crierai, j'appellerai.

Elle s'élance vers la porte.

FARGEAU, l'arrêtant.

Ça ne servira à rien. (La faisant descendre sous son regard.) Te souviens-tu, le premier jour que tu es montée ici? — Tu furetais, partout, dans la chambre et tu me causais... Moi, je ne trouvais rien à te dire... je ne pouvais pas!... — Alors, tu es venue à moi et tu m'as demandé ce que j'avais. — « Eh bien, monsieur Pascal, comme vous me regardez... » — Sais-tu ce que je regardais? Je regardais... ton cou!... Je ne sais pas pourquoi, mais je ne pouvais pas en détacher les yeux; c'était comme un éblouissement, j'étais comme ensorcelé!... C'est là que je t'ai embrassée... la première fois... c'est là !...

NATHALIE, reculant à droite.

Tais-toi! Tu me fais peur!

FARGEAU.

Ah ! faut-il que tu m'aies poussé! Faut-il que tu l'aies voulu !

NATHALIE, épouvantée.

Pascal !

FARGEAU.

Tu as tout oublié; rien ne peut te racheter !

NATHALIE, essayant de l'entourer de ses bras.

Mais... puisque tu dis que tu m'aimes!...

FARGEAU, se dégageant, terrible.

C'est justement parce que je t'aime!...

NATHALIE.

Mais... notre fille?...

FARGEAU.

C'est justement à cause d'elle!

NATHALIE, ricanant.

Ah! c'est comme ça? — Eh! bien, tue-moi si tu veux... Et élève-la, ta fille!... Elle n'est pas de toi!

Elle s'élance pour s'enfuir, Fargeau va plus vite qu'elle et lui barre le passage.

FARGEAU.

Pas de moi! Pas de...! — Oh! si! Elle est bien ma fille! Cœur et sang, elle a bien tout de moi, au contraire, et c'est moi qu'elle aime... Et tu mens!

NATHALIE.

Je le sais bien... moi!

FARGEAU.

Tu mens, je te dis, tu mens! Comme tu as toujours menti !

Il la saisit.

NATHALIE.

Pascal ! Pascal ! Laisse-moi !... Oui, oui, j'ai menti...

FARGEAU.

Misérable !

Il la pousse vers le lit.

NATHALIE.

Pascal ! Non ! grâce ! Je ne veux pas !... (Ils disparaissent derrière les rideaux de l'alcôve.) Au secours ! Pavard !... Tu m'...


# SCÈNE VIII

## FARGEAU, PAVARD.

Pavard entre, roulant une cigarette, nonchalant.

PAVARD.

Tiens, elle n'est pas là, elle. (Descendant à gauche.) Ah ! bien, je vas l'attendre, voilà tout. Je vas l'attendre. (Il fredonne et, se retournant, il aperçoit Fargeau qui, pâle comme un mort, a reparu sur le seuil de l'alcôve.) Comment ! Il n'est pas à Saint-Denis, lui. (Il essaie de s'esquiver. Fargeau le saisit par le bras.) Mais je t'assure...

FARGEAU, le terrassant.

Canaille ! (Puis allant ouvrir la porte de l'escalier.) Holà ! que tout le monde vienne ! (Des voisins entrent.) J'ai trouvé ma femme avec son amant, je l'ai tuée !

FIN

IMPRIMERIE GÉNÉRALE DE CHATILLON-SUR-SEINE. — JEANNE ROBERT.